Christoph Cornehl
Beutelwolf und Wandertaube

Christoph Cornehl

Beutelwolf und Wandertaube

Rediroma-Verlag

Bibliografische Information der Deutschen Nationalbibliothek:
Die Deutsche Nationalbibliothek verzeichnet diese Publikation in der Deutschen Nationalbibliografie; detaillierte bibliografische Daten sind im Internet über http://portal.dnb.de abrufbar.

ISBN 978-3-98527-225-9

Umschlagillustration: Lightspring (shutterstock.com)

www.rediroma-verlag.de
6,95 Euro (D)

Für Valeria, die mir schon ein Vorbild politischer Klugheit und Größe war, als ich noch ganz um mich selber kreiste
Und für Konstantin Wecker, den ich zutiefst für seine Fähigkeit bewundere, die Abgründe des Menschseins anzusprechen und doch den Blick für das nicht zu verlieren, für das es sich zu leben lohnt.

Inhalt

Vorwort

Es ist ein verhangener Morgen Anfang März, da ich dieses Vorwort beginne, die Wolken treiben am Himmel, alles ist grau und still. Mühevoll scheint das Leben an diesem Tag, der durch seine zur Schau gestellte Schwermut die ganze Schwermut dieses Jahrhunderts in sich zu vereinen scheint, das sich uns Künstlern gegenüber oft so kalt und lieblos verhält. Immer mehr werden Lyriker selbst zu Beutelwölfen und Wandertauben, ja, Dinosauriern degradiert, längst ausgestorbenen Relikten einer Zeit, da die Literatur es sich noch zur Aufgabe machte, durch Bildung und Weitung des Geistes gegen Ungerechtigkeit, Willkür und Alleinherrschaft anzutreten. Immer mehr verlangen die Menschen in einer eingeschläferten Gesellschaft nach leichter Kost, die sie nicht überfordert, sie entrückt in eine andere Welt, in der ihr Ich, der innerste Teil ihres Selbst, der genau weiß, dass es mit Flucht und innerer Einkehr nicht getan ist, für eine gewisse Zeit Ruhe finden kann. Natürlich versuchen auch viele, der inneren Stille und Verlorenheit durch umso mehr Lärm und Animation zu trotzen, gewissermaßen eine Art Übersprungshandlung vorzunehmen, um den aufgestauten Emotionen in sich Luft zu machen, ohne dass man dadurch die vorherrschende Gesellschaftsordnung aufhebt. Nicht wenige dieser Menschen verfallen aufgrund der Tatsache, dass ihnen in der heutigen Gesellschaft so viele Mittel der Selbstentfaltung verloren gehen, in Depressionen oder gleiten ab in andere, noch wesentlich dunklere Welten. All diese Menschen, die jetzt umso mehr nach Perspektiven suchen und sich die innere Verzweiflung teilweise noch gar nicht eingestanden haben, will ich mit diesem Buch ansprechen. Dabei ist es keineswegs eine Selbstverständlichkeit, nur, weil die Zielgruppe bekannt ist, auch die passenden Worte für sie zu finden. Monatelang zweifelte ich in der Vorbereitung auf dieses Buch an meiner inneren Befähigung, anderen, teilweise ebenso jungen Menschen wie mir Halt und Unterstützung zu geben, da ich mich doch selbst in ähnlichen Sinnkrisen befand. Ich drohte, an meinen eigenen Ansprüchen zu scheitern, weil ich inmitten meiner eigenen Zweifel nach Worten und Gedanken suchte, die dem fatalistischen Bild ein Gegenstück sein könnten, ohne es deshalb völlig zu negieren. Ich bin schließlich zu dem Schluss gekommen, dass der Mensch sich das Suchen, nicht das Finden zum Ziel setzen, dass er nicht ankommen, sondern reisen, kein Heimchen, sondern ein Mauersegler sein sollte. Schon Hermann Hesse schreibt: „Nur wer bereit zu Aufbruch ist und Reise, wird lähmender Gewöhnung sich entraffen.“ So, wie kein Gedicht an sich die Welt physisch verändern kann, so wenig, finde ich, sollte es das Ziel der Autorin oder des Autors sein, eine herbeizuführen. Es ist umso schöner, wenn die Seele sich durch ein Gedicht wandelt und, um etwas mystisch zu sein, erleuchtet wird. So lange es die Kunst gibt, glaube ich, wird es Barbarei und Menschenhass nicht möglich sein, in den Herzen und Köpfen der Menschen so starke Wurzeln zu schlagen, dass sie nicht durch ein Werk der Fantasie getilgt werden könnten. Wenn Rainer Maria Rilke an Franz Xaver Cappus schreibt, er möge in sich selbst nach der Motivation forschen, die ihn schreiben heißt, und sich fragen müsse, ob er sterben werde, wenn ihm das Schreiben verboten würde, sage ich für mich ganz klar: ja! Immer, auch inmitten der größten Krise, kam ein Titel, ein Wort oder ein Reim in meinen Sinn, die mich, statt an der Ungerechtigkeit der Welt zu verzweifeln, in die Lage versetzten, über sie zu schreiben. Ich muss jeden Tag um die richtigen Worte ringen, aber sie kommen immer wieder, so wie die Vernunft auch mit Sicherheit immer wiederkommen wird, in wechselnder Gestalt zwar, doch unausrottbar. So möchte ich denn dieses ausufernde Vorwort mit einem Zitat aus Konstantin Weckers Lied „Heiliger Tanz“ beschließen, das mich in meiner Identität und meinen inneren Triebfedern sehr geprägt hat:

Wer frei sein will, befreie,
liebe, dann wirst du geliebt,
willst du Vergebung, verzeihe
und empfangen wird nur, wer gibt.

Christoph Cornehl, März 2021

Was ist Krieg?

Zertret'ne Erde, unbarmherz'ge Truppen,
die kämpfen wie dafür dressierte Puppen,
dem Tod ins Auge sehen, Mann für Mann,
die Augen schmal, im Geiste die Befehle,
ein einz'ges blut'ges Chaos in der Seele,
fängt so etwa ein jeder Krieg erst an?
Nein, damit kann ich mich wohl nicht bescheiden,
trotz all der Greul, der unmenschlichen Leiden.
die Ursache muss sehr viel tiefer geh'n,
denn jeglicher Natur läuft es zuwider,
wenn Menschen ihren Geist und ihre Glieder,
dafür verkaufen, Mördern gleichzuseh'n.

Das Gold, mit dem sie ihre Worte färben,
um junges Blut zum Dienen anzuwerben,
damit diese erfechten was sie woll'n,
wie sie es grausam aus der Erde reißen,
dass sie auf einmal Krieg Verteid'gung heißen,
sich für fremdes Begehr verschenken soll'n,
ist das vielleicht der Quell der Streitigkeiten,
ganz junge Menschen auf den Weg zu leiten,
die immer fast noch halbe Kinder sind?
Nein, denn es wird nicht klar, wo der Gedanke,
das unheilbare und erschreckend kranke
Bedürfnis für den Krieg in uns beginnt.

Ich glaube, Krieg beginnt in uns'ren Herzen,
der Bitterkeit und uns'ren inn'ren Schmerzen,
der Unfähigkeit, neues anzuschau'n
als reichmachende, wohlmeinende Sache,
die wirken kann, dass mancher Geist erwache,
der da ist, etwas neues aufzubau'n.
Doch lieber zieht der Mensch Gedankengräben,
als wenn diese ihm einen Vorwand gäben,
dass er nicht nach Verbess'rung streben muss
und lieber alles Leid geschehen lassen,
das eig'ne Hirn versaufen und verprassen
verraten, ignorier'n kann bis zum Schluss.

Doch will das Ende unausweichlich scheinen,
gibt es doch nicht für alle Menschen einen
Kanarie, der sie vorm Ersticken warnt,
sind wir doch viel zu weit schon vorgedrungen,
und unsere nun aufbegehr'nden Lungen
schon viel zu lange durch den Krieg umgarnt,
so wollen wir uns dennoch nicht ergeben
und kämpfen noch einmal und zwar für's Leben,
dass nicht der Tod uns alle mit sich reißt,
denn kein Sieg kann dem Kriege Sinn verleihen,
weil trotz der ungezählten Tyranneien
die einz'ge Art zu leben Frieden heißt!

Ich bin heut‘ eine Feuerstelle

Ich bin heut‘ eine Feuerstellle,
verlassen, kalt und zugedeckt.
Sie spendet keine sanfte Helle,
welche den neuen Tag erweckt.
Die Glut ist ganz und gar verzischet,
dass kein Feind sich verbrennt daran.
Ein jeder Funke gleich erlischet,
dass auch kein Freund sich wärmen kann.

War gestern eine wilde Böe,
die wütend ihren Zorn verbläßt,
Lawinen bringt so mancher Höhe
und eine tiefe Schneise fräst.
Ich fegte Wild und ohne Gnade,
verschonte weder Hof noch Haus,
ließ keinen einz'gen Baum gerade
und tobte meinen Ärger aus.

Ich weiß nicht, was ich morgen werde,
vielleicht ein Heimchen hinterm Herd,
vielleicht ein Maulwurf in der Erde
oder ein ungezähmtes Pferd.
Ich kann mich niemals ganz entspannen,
bin heute dort und morgen hier,
kann mich nicht halten, zügeln, bannen,
denn dieses alles wohnt in mir.

So etwas wie Glück

Weißt du noch, wie wir vor so vielen Jahren
ganz nah bei diesem Fluss gelegen sind?
Die Sonne spielte sanft auf deinen Haaren
und die Gesichter streichelte der Wind.
Die Küsse, welche wir uns damals gaben,
bringt die Erinnerung mir nun zurück.
Vielleicht war das, was wir empfunden haben,
möglicherweise so etwas wie Glück.

Erinnerst du dich an die weiche Decke?
Darauf haben wir uns damals gesonnt,
fast wie in einem lauschigen Verstecke,
in dem uns niemand anders sehen konnt'.
Die Leute, die um uns den Tag genossen,
erinnerst du dich wie ich noch an sie?
War'n sie für dich auch seltsam ausgeschlossen,
als wären wir woanders irgendwie?

Auch die Geräusche, die wir damals hörten,
die Kanufahrer draußen auf dem Fluss,
die Enten, die sich über sie empörten,
das ist's, woran ich grade denken muss.
Die Schwäne, welche eifersüchtig schnarrten,
die Blässhühner sind mir auch noch präsent,
die Tretboote, die leise, leise knarrten,
markieren für mich diesen Glücksmoment.

Ich weiß nicht mehr, was wir damals besprochen,
doch eins ist klar: Gestritten wurde nicht.
Die Sorgenfalten aus den letzten Wochen,
der müde Zug verschwand aus dem Gesicht.
Mag sein, es ist nur eine kleine Szene,
doch ist es fast wie Gegenwart für mich,
denn wegen manchem Streit und mancher Träne,
die dann noch folgten, ist's so unglaublich.

Was kann ich mit den Bildern heut' noch wollen,
wo so viel Schnee doch schon darüber liegt,
die alten Tage lange schon verschollen,
vergessen sind, vergangen und besiegt?
Ich werde sie aus meinem Innern graben
Und hol' sie, wenn ich traurig bin, zurück,
denn das, was wir damals empfunden haben,
das war für mich wohl so etwas wie Glück.

Als ich an nichts Böses dachte

Als ich an nichts Böses dachte,
schrillte plötzlich kurz vor vier
als ich grade Tea Time machte,
dieses Telefon bei mir!
Zu mir sprach vom andern Ende
Eine Dame, jung, wie's klang,
doch sie wollte keine Spende
oder sonst was von Belang.

Sie sei tätig bei 'ner Zeitung,
alt sei die und renommiert
mit fast weltweiter Verbreitung
und mit Preisen dekoriert.
Sie sei da auf mich gestoßen
Bei 'ner Google-Suche grad
Denn ich hätt' schon einen großen,
rühmlichen Bekanntheitsgrad.

Die Satire, die ich schriebe,
sei von Biss und Ironie,
dass kein Haar mehr reinlich bliebe,
und doch packend, sagte sie.
Meine Verse sei'n die Glocken,
die die Welt benötigt hätt',
wollten wecken, mahnen, schocken,
seien klug von A bis Z.

Nun wollt‘ sie mir offerieren
einen Job im Feuilleton.
„Denn die Leute“, sprach sie, „gieren
Nach ‘nem Kräftigen Affront
gegen öffentliche Hetze,
auch Rassismus und derlei
und polit’sche Spinnennetze …
Sagen Sie, sind Sie noch frei?“

„Gnäd’ge Dame“, sprach ich höflich,
„an sich gerne, doch allein,
ich bekenne, frech und sträflich,
nicht ganz bei Ihnen zu sein.
Einerseits will ich nicht binden
meine Kräfte für ein Blatt,
weil die Wahrheit, die wir finden,
mehr als eine Seite hat.

And’rerseits sind da Gerüchte,
gewiss töricht und nicht wahr,
beispielsweise die Geschichte,
dass vor etwa einem Jahr
einer Ihrer Redakteure
Enten druckte reihenweis‘.
Sicher stimmt’s nicht, was ich höre,
weil man nichts Genaues weiß.

Und auch dies ist wohl verbrochen,
schändlichst gegen Sie benützt,
dass sie vor etwa zwei Wochen
Nazimärsche unterstützt
Und verteidigt haben sollen.
Was fällt Ihnen dazu ein?
Und jetzt, meine Dame, wollen
Sie mein Arbeitgeber sein?"

Ich hört's tuten in der Leitung,
ohn' bedauern legt ich auf.
Eins ist sicher: diese Zeitung
schlag ich nicht mehr wieder auf.
Wenn jetzt alle Klatschgazetten
Von mir brächten nur noch Stuss,
oder meine Nummer hätten,
wüsst' ich, wem ich danken muss.

Geisterbahn

Ein wohliges Gefühl von Nervenkitzel und Gefahr
beschlich mich, als ich endlich mitten unter Geistern war.
Na klar, es war nur eine Geisterbahn, doch ich sah nur
den schaurig-schönen Schrecken, der mir in die Glieder fuhr.
Der abgeriss'ne Zombie und der gierige Vampir,
sie lächelten mich an, als spürten sie die Furcht in mir.
Den Henker sah ich schon den Strick zu meinem Tode dreh'n,
hört' Geister über lang vergess'ne Totenacker geh'n.

Der Grusel war perfekt und Schrecksekunden gab's en masse,
es gab nichts auszusetzen, und doch störte mich etwas:
Der Horror war nicht echt, er war zwar gut, doch nur gestellt.
Dabei gab's so viel Elend, wahren Horror in der Welt.
Wozu, so dacht' ich, schauen wir nach Geisterbahnen aus?
Die harte, graue Wirklichkeit liefert sie uns frei Haus.
Wie kann ich, fragt ich mich, durch diese kleine Hölle geh'n
und dabei jene große auf der Erde überseh'n?

Das Buschfeuer in Down Under, die Bilder noch präsent,
die eig'ne kleine Welt, die sich von innen selbst verbrennt
durch Gier, durch Macht, durch Dummheit und durch so viel Ignoranz
vor diesem schönen Teil der Erde und einer Bilanz,

die Menschen zeigt, entwurzelt, ohne Eigen, Haus und Heim
und einen Kontinent, verbrannt bis auf den kleinsten Keim.
Ich weiß, ihr werdet sagen, dass ich maßlos übertreib,
doch seh‘ ich das vor mir, wenn ich die Endzeit mir beschreib‘.

Ich denk‘ an Russland, das in Willkür und Gewalt erstickt,
wo schlagen, rauben, morden gilt als Kavaliersdelikt,
ein Präsident sich klammert fest an seinen hohen Thron,
der etwas gegen Zweifler hat oder Opposition
und notfalls Konkurrenten stoppt durch Nervengift und droht,
falls man nicht seiner Meinung ist, mit Aufenthaltsverbot.
Kann denn ein Film im Kino so verrückt und grausam sein
Wie uns’re harte Wirklichkeit? Ich glaube ehrlich, nein.

In China bläst man Tag für Tag den Tod in klare Luft,
stellt taub sich und erwählt sich einen machtbesess’nen Schuft
zum Staatschef und vereidigt ihn auch gleich auf Lebenszeit,
im Dienst des Kommunismus und der Unbarmherzigkeit.
So mancher Feldspatz, glaub‘ ich, ist noch heut‘ traumatisiert,
weil Mao einst so viele seiner Brüder massakriert.
Mir scheint, dass dieses Land so manches Höll’nbild übertrifft,
trotz seiner Vasen, der Geschichte und der schönen Schrift.

Rassismus ist bei Uncle Sam noch immer angesagt
Und selbst bei Polizisten macht er Schule, wie man sagt.
Die kleinen müssen bluten für den großen Lebenstraum,
Konzerne dealen um sich, Präsidenten schlagen Schaum.
Ein ganzes Volk vertrieben, ausgebeutet und benutzt,
ein ganzes Land geschändet, ausgebeutet und verschmutzt.
Es wird uns zwar die Zukunft als Verheißung dargestellt,
doch seh' ich dies als Grundstein der Vernichtung uns'rer Welt.

Denk' ich an Afrika, den armen schwarzen Kontinent,
verfinstert sich mein Blick, weil tiefe Trauer in ihm brennt.
Man lechzt nach Gold und Elfenbein und geht dafür schon mal
Über so manche Leiche und so manche bitt're Qual.
Und ich möchte verzweifeln und es windet sich in mir
bei 80000 Toten einst in 1904.
Wer sich die Schrecken ansieht, sei's auch peinigend und schwer,
der braucht, so mein' ich, keine Fahrt in Geisterbahnen mehr.

An jeder Ecke sprießt auch hier der Hass auf's Anderssein,
auf Juden, Schwule, Ausländer – die ganzen Schererei'n
geh'n noch einmal wie damals unaufhaltsam wieder los,
die Wut auf alles, was da lebt, scheint übermenschlich groß
und jeden kleinen Fitzel nehmen sie als Vorwand her,
dass Deutschland unter Adolf besser dran gewesen wär'.

Wie kann ich, frag‘ ich mich, wohlig berauscht vom Horror sein,
wenn sie da draußen wieder ihre alten Lieder schrei’n?

Der Bilder, die ich sah, waren noch unermesslich viel‘,
doch plötzlich hielt die Bahn – wir war’n am Ende, war’n am Ziel,
doch mich hatte in dieser Zeit der harte Schluss erreicht,
dass jeder Schauer, der uns hier über den Rücken streicht,
bedeutet, dass wir wahrem Horror nie begegnet sind,
nie Folter spüren mussten, nie die Angst von einem Kind,
das unter schmutz’gen Händen bis auf’s Blut erniedrigt wird
und sich inmitten all der Furcht uneinholbar verirrt.

Doch ehe die Erkenntnis mich verbittert werden lässt,
stell‘ ich mir vor, der Horror hier, er wäre nur ein Test,
wie viel der Mensch noch schlucken, wie viel er verdauen kann,
bis er sich wehrt, den Zorn erweckt, die Ketten sprengt und dann
das unsagbare Leid für immer aus der Welt verbannt
und all die bangen Zweifel schickt ins Bange-Zweifel-Land.
Ich weiß, die Zeit ist reif, die Mittel stehen längst bereit,
verborgen zwischen Eigensinn und Aussichtslosigkeit.

An die Kunst

Durch dich entstehen allenthalben
die ungeahntesten Idee‘n,
Kummervertreiber, Seelensalben
dnd Mär’n vom Toll’n und Sich-Ergeh‘n.
In so vielen von uns wohnst du,
doch nicht jeden Geist belohnst du
mit ergiebigen Beweisen deiner Gunst.
Mancher darf mal bei dir naschen,
viele werden dich nie haschen
und sehr wenigen nur gibst du dich als Kunst.

Du bist ein Quell voller Gedanken,
voll Zauber und so manchem Bild,
das manchem mehr als all die Schranken
und Mauern seines Lebens gilt.
Du magst in manchen von uns fließen,
Dein Geschenk in uns vergießen,
einen Hauch uns geben, einen schwachen Dunst,
oder aber auch gewaltig,
unbezähmbar, vielgestaltig,
ein Inferno in uns sähen – du, die Kunst.

Doch wie ich dich zu fassen suche,
so glückt’s mir tumbem Tölpel schlecht,
denn ob im Bild oder im Buche,
du kennst nicht Form noch Sinn noch Recht.
Nur bei manchen magst du bleiben,
lässt sie mächt’ge Blüten treiben
und entfachst in ihnen eine Feuersbrunst,

doch die meisten machst du stille,
denn kein Gott und keine Pille
kann dich binden und bezähmen – dich, die Kunst.

Das goldene Kalb

Das Volk des Herren tritt die lang ersehnte Reise an
Quer durch die Wüste ins gelobte Land, nach Kanaan,
das ihnen Gott als neue Heimat ausersehen.
Sie trotzen Hunger und Entbehrung und nun harren sie
Auf die Erleuchtung, hier am Fuß vom Berge Sinai
Und einen Zweifel hört man durch die Menge gehen.
Aber kein Mose und kein Zeichen kommt vom Berg herab,
Da nimmt das Volk die gold'nen Ringe von den Ohren ab
und hat alsbald ein gold'nes Kalb daraus gegossen.
und davor beten sie und bringen Dankesopfer dar
und ignorieren bei den Festlichkeiten ganz und gar
den Bund, den Gott mit ihrem Volke einst geschlossen.

Aber der Zorn des Herrn über sein eig'nes Volk entbrennt,
über dies Volk, das keine wahre Glaubenstreue kennt
und das es wagt, ein Götzenbild als Schutzherrn anzurufen.
Doch Mose bittet ihn um Gnade dem Volk Israel
und steigt herab vom Berg und tut ergrimmt des Herrn Befehl
und steckt in Brand das gold'ne Kalb, welches sie schufen.
Aber der Zorn des Herrn ist noch immer nicht gestillt
über die Menschen, denen seine Weisung nichts mehr gilt
Und so befielt er Mose noch am selben Tage:
„Ich bin dein Gott, der Herr, dein Hirte, dein Herr Zebaot
und daher wünsch‘ ich für die Sünde an dem Herrn den Tod!
dreitausend Mann, und achte nicht des Volkes Klage!"

Wir alle kennen die Geschichte bis zum heut'gen Tag
Und doch gäb's keinen, der die strenge Folge ziehen mag,
die Lehre, die mit dieser düst'ren Mär verbunden:
Folgt eurem Herren, eurem Führer, und gehorcht ihm blind,
ganz gleich, wie sinnlos und verquer seine Befehle sind
und wer nicht folgt, der wird zerrissen von den Hunden.
Sie alle jagen hinterher und keiner denkt allein,
ein jeder will ein kleines Rädchen im Getriebe sein,
als käm' ein Gott von oben und würd' grausam walten.
Sie alle wedeln, wenn der große Hundeführer lacht
Und keiner, der nicht auch beim Massenmord noch Männchen macht,
statt sich Gefühle und Empfinden zu erhalten.

Aber trotz allergrößter Vorsicht und Kontemplation
erliegen alle Menschen manchmal einer Illusion
Und können Dummheit und Betrug den Vorzug geben,
und weil so manches gold'ne Kalb sich nicht gleich offenbart,
sind auch die Fallen dieser Welt von ganz verschied'ner Art,
und so kann auch der beste Mensch nach Unsinn streben.
Darum, bin ich einmal in einen krausen Plan verrannt
und ist mein Schiff ausschließlich mit Piratenvolk bemannt,
so blase mir ein reiner Wind von Süd entgegen.
Renne auch ich einmal geblendet einer Meute nach,
werde auch ich unter dem Druck der Massen einmal schwach,
so soll er kommen und durch meine Seele fegen.

Franselich

Die Herr'n und Damen im Plenar,
die halten ihre Augen starr
und unbewegt auf dem Gesicht
des Redners, doch sie hören nicht,
was er da wichtiges erzählt,
Hauptsache ist, man wird gewählt
und bleibt auf seinem Posten nur
für die nächste Legislatur.
Dem armen Redner sei gesagt,
da er so brav sich müht und plagt:

Du sprichst dir dein Maul franselich,
mehr Biss, sonst hör'n die Hanseln nicht.
Sprich lauter, dass sie dich versteh'n,
musst ihnen auf den Wecker geh'n!
Sprich schneller, Freund, weil jeder weiß,
es schläft so mancher ein ganz leis'!
Beherzigst du dies fromm und flott,
so hört dich auch der liebe Gott!

Der Gipfel tagt, alles tritt ein,
was dumm genug ist, hier zu sein.
Man kommt in Anzug, Hut und Schlipps
und mit einem Face aus Gips,
erstarrt in bleicher Höflichkeit
als Narr im Präsidentenkleid.
Dieweil man das Programm verliest
und du keinen sich regen siehst,
warn ich die Leute schon mal vor,
denn hier gibt's kein empfänglich Ohr:

Du sprichst dir dein Maul franselich,
mehr Biss, sonst hör'n die Hanseln nicht.
Sprich lauter, dass sie dich versteh'n,
musst ihnen auf den Wecker geh'n!
Sprich schneller, Freund, weil jeder weiß,
es schläft so mancher ein ganz leis'!
Beherzigst du dies fromm und flott,
so hört dich auch der liebe Gott!

Ich seh mich vor der Klasse steh'n,
nochmal mein Manuskript durchgeh'n,
hör Gähnen, Flüstern, Kichern auch
und steh vollkommen auf dem Schlauch.
Was war das Thema? Weiß nicht mehr,
nur eines noch: es war sehr schwer.
Der Lehrer schaut mich fordernd an,
wie peinlich, dass ich nichts mehr kann!
Hätt' mir doch damals wer gesagt,
als ich mich derart abgeplagt:

Du sprichst dir dein Maul franselich,
mehr Biss, sonst hör'n die Hanseln nicht.
Sprich lauter, dass sie dich versteh'n,
musst ihnen auf den Wecker geh'n!
Sprich schneller, Freund, weil jeder weiß,
es schläft so mancher ein ganz leis'!
Beherzigst du dies fromm und flott,
so hört dich auch der liebe Gott!

Vorbei sind die schwierigen Zeiten

Ach, es kamen, mein Kind, einstmals Zeiten,
aber lange, so lang ist's schon her,
da bedroht' eine Krankheit die Breiten
und die Schmalen der Erde gar sehr.
Alle Führer der Staaten versagten,
Ausgangssperren in fast jedem Land
Und wir zweifelten, bangten und zagten,
jeder Nerv zum Zerspringen gespannt.

Vielen schien es, als hätte die Seuche
ihr so heiliges Weltbild entstellt,
all die lange gepflegten Gebräuche
und die Liebe zur Macht und zum Geld.
Es erhob sich ein leises Geraune
und wurde zuletzt Raserei,
so, als ob grad die siebte Posaune
aus der Endzeit gespielt worden sei.

Nur noch wenige konnten erkennen,
dass das Virus zwar fürchterlich war,
doch es notwendig wurde, zu trennen,
dass sie nicht alles Unheil gebar.
Ach, wie lange war'n wir Europäer
all dem Weltenschmerz nicht ausgesetzt,
doch dann kamen die Einschläge näher
und der Schleier vor'm Aug' wart zerfetzt.

Wie lang waren Gewalt und Vernichtung
bur bekannt uns aus Film und TV
und dann nahte aus östlicher Richtung
die demaskierende Pandemie.
Wie lang schlug man der Erde Blessuren,
wie lang fraß man sich fett und debil,
wie lang schlug man der Welt die Figuren
in dem königlich-tödlichen Spiel?

Wie es endete, Kind, wirst du wissen:
Schon bald stand auch ein Impfstoff bereit
und der impfte die Leute beflissen,
doch nicht gegen ihre Blödigkeit.
Mancher hatte wohl auch das Bestreben,
alle Baustellen neu anzugeh'n,
aber zu viele wollten nur leben,
wollten nichts mehr vom Weltenleid seh'n.

Den Rest, liebes Kind, weißt du selber.
Schlussendlich haben sie es geschafft,
und ihr Tanz um die goldenen Kälber
der beraubte die Welt ihrer Kraft.
Der Minister sagt, wir müssten fliehen,
die Planeten sei'n urbar gemacht
und im Grunde sofort zu beziehen.
Unser Raumschiff steigt grad in die Nacht.

Und im donnernden Tusch der Trompeten
Steigen wir in die Luft bis zum Glück,
unser'n brennenden blauen Planeten
lassen wir ohne Zögern zurück,
denn vorbei sind die schwierigen Zeiten
voll Problemen und Enge und Schutt.
Auf uns warten unendliche Weiten,
so unschuldig und nicht so kaputt!

Soweit wir wissen

Ich geh manchmal mit Rotstift durch mein Leben
Und streich‘ die schönsten Glücksmomente an,
die ich auch noch nach Jahren nicht aufgeben,
nicht endgültig hinter mir lassen kann.
Auf wie viel harte Touren musst‘ ich lernen,
dass Leid die Strafe für’s Erleben ist?
Mag sein, doch greif‘ ich heut‘ noch nach den Sternen,
ganz gleich, ob mich der Selbstzweifel zerfrisst.

Wir leben nur einmal, soweit wir wissen,
und sind wir auch so manches Mal zerrissen,
so wähl’n wir, wenn wir klug sind, was das größ’re Glück verspricht,
kümmern uns nicht um den Morgen und auch um gestern nicht,
denn leben wir auch hastig und verbissen,
lebt jeder nur einmal, soweit wir wissen!

Der Frühling singt die ersten zarten Lieder
und sendet seinen ersten Sonnenstrahl.
Ich schüttle voller Hoffnung mein Gefieder,
dass er noch schöner wird als letztes Mal.
Am Morgen vor der Klasse krieg‘ ich fiese
Bemerkungen für meine Schularbeit,
doch ich träum‘ mich auf diese Frühlingswiese,
ein Ruhepol vor der Gehässigkeit.

Wir leben nur einmal, soweit wir wissen,
und sind wir auch so manches Mal zerrissen,
so wähl'n wir, wenn wir klug sind, was das größ're Glück
verspricht,
kümmern uns nicht um den Morgen und auch um gestern
nicht,
denn leben wir auch hastig und verbissen,
lebt jeder nur einmal, soweit wir wissen!

Ich denk' an meine allerersten Küsse,
so vorsichtig und zart, fast wie geklaut,
so wohlige, unsagbare Genüsse,
dies' köstlich-neue Prickeln auf der Haut.
So plötzlich, wie es kam, musst' es auch enden,
ganz ohne Rüstzeug, ohne Krisenplan,
doch wollt' ich keinen Augenblick verschwenden,
denn zu verzichten, hätt' mehr wehgetan.

Wir leben nur einmal, soweit wir wissen,
und sind wir auch so manches Mal zerrissen,
so wähl'n wir, wenn wir klug sind, was das größ're Glück
verspricht,
kümmern uns nicht um den Morgen und auch um gestern
nicht,
denn leben wir auch hastig und verbissen,
lebt jeder nur einmal, soweit wir wissen!

Die ungezählte Tafel Schokolade,
Das dritte Rieseneis entsetzt mich nicht,
denn leb' ich nur im Jetzt und im Gerade,
verleiht mir jeder Tag die Zuversicht,

dass jedes Mal das schönste für mich werde,
denn möglich ist's, dass es das letzte war,
mein letzter Tag zufrieden auf der Erde,
denn unser Schicksal lauert unsichtbar.

Wir leben nur einmal, soweit wir wissen,
und sind wir auch so manches Mal zerrissen,
so wähl'n wir, wenn wir klug sind, was das größ're Glück verspricht,
kümmern uns nicht um den Morgen und auch um gestern nicht,
denn leben wir auch hastig und verbissen,
lebt jeder nur einmal, soweit wir wissen!

Drum will ich stets aus vollem Herzen leben,
nicht fragen, was im bitt'ren Kelche sei,
dem kleinsten Anlass eine Chance geben,
mit ganzem, vollem Kinderherz dabei.
Das Glück ist keine Supermarktfiliale,
nicht immer offen und zu jeder Zeit,
es braucht weder Altar noch Opferschale,
kommt unverhofft und in Verborgenheit.

Wir leben nur einmal, soweit wir wissen,
und sind wir auch so manches Mal zerrissen,
so wähl'n wir, wenn wir klug sind, was das größ're Glück verspricht,
kümmern uns nicht um den Morgen und auch um gestern nicht,
denn leben wir auch hastig und verbissen,
lebt jeder nur einmal, soweit wir wissen!

Wie kann das sein?

Ich schweife durch den Strom der Zeiten,
frage mich: wie kann das sein,
dass Menschen morden, lügen, streiten
und tun unbefleckt und rein,
dass sie Gesetze sich gegeben
haben, reiflich überlegt,
und dann nicht nach ihnen leben,
hat mich immer schon erregt.

Was nützen die Revolutionen,
geh'n sie je den großen Schritt,
könnt' man sie doch alle klonen,
ohne einen Unterschied?
Wie kann's sein, dass einst'ge Streiter
für die Freiheit und das Recht
Machen danach genauso weiter,
dumm, blasiert und selbstgerecht?

Betrug und Stolz geh'n mit den Zeiten
bis auf diesen heut'gen Tag,
denn der Drang, sich auszubreiten,
nimmt die Menschen in Beschlag.
Menschen können, kaum geschworen,
auf gegeb'ne Worte spei'n,
lügen ohne rote Ohren,
ohne Scham – wie kann das sein?

Wie kann's sein, dass Glaubensfeden
Machen Menschen taub und blind,
So unentbehrlich und für jeden
wert und Grund zum Hasse sind?
Ich weiß nichts mehr dazu zu sagen,
bin verhärtet wie ein Stein,
kann mich nur immer wieder fragen:
wie, verdammt, kann das bloß sein?

Verzockt

Du armes kleines Präsidentchen,
hast mit deinen Patschehändchen
kräftig gekungelt, intrigiert,
ja, schon nach Weltherrschaft gegiert
und stößt nun bei den Senatoren
mit voller Wucht auf taube Ohren.
Du armes kleines Herrscherlein,
die anderen sind so gemein!

Hast dich verzockt,
bist ausgeknockt,
warst zu verstockt,
hast es verbockt.
Hast dich verspielt,
vorbei gezielt,
nicht gut gedealt,
zu sehr geschielt
auf Machtgewinn,
hat keinen Sinn,
was sicher schien,
ist nun dahin!

Entschlossen, reich und rotgesichtig,
fühltest du dich schon oberwichtig,
in der Kabine laut getobt,
gekauft, bestochen und gedopt,
auch hetzen gegen Journalisten
war Teil von deinen argen Listen.
Doch nun hörst du der Pfiffe Klang –
schon wieder nur der zweite Rang!

Hast dich verzockt,
bist ausgeknockt,
warst zu verstockt,
hast es verbockt.
Hast dich verspielt,
vorbei gezielt,
nicht gut gedealt,
zu sehr geschielt
auf Machtgewinn,
hat keinen Sinn,
was sicher schien,
ist nun dahin!

In vielen dunklen, langen Jahren,
die auch nicht wenig blutig waren,
hast du gestritten göttergleich
nur für dein tausendjähr'ges Reich,
doch langsam spürst du es zerfallen
und hörst schon fremde Hörner schallen.
Jetzt nichts wie fort aus der Affär',
dein Kampf ist aus, mein Nasenbär!

Hast dich verzockt,
bist ausgeknockt,
warst zu verstockt,
hast es verbockt.
Hast dich verspielt,
vorbei gezielt,
nicht gut gedealt,
zu sehr geschielt
auf Machtgewinn,

hat keinen Sinn,
was sicher schien,
ist nun dahin!

Beutelwolf und Wandertaube

Beutelwolf und Wandertaube,
Riesenalk und Kaiserspecht,
wegen euch ist's, dass ich glaube,
dass der Mensch im Inner'n schlecht
und aus purer Dummheit handelt,
wenn er Lebensraum zerstört,
ihn in totes Land verwandelt
und den Todesschrei nicht hört,
der ihm noch aus kleinsten Spalten
im Gebälk entgegen dringt,
und um hemmungslos zu walten
massenhaft Vernichtung bringt.

Viele Arten sind verschwunden,
ausgestorben, ausradiert
und der Welt geschlag'ne Wunden
heilen nicht mehr, denn es giert
menscherdachtes Weltherr'nstreben
stets nach noch mehr Lebensraum,
noch mehr Land und noch mehr Leben
und es hält ihn nichts im Zaum,
denn beim Karolinasittich
und beim Berberlöwen gar
ist's erwiesen und unstrittig,
dass der Mensch der Schuld'ge war.

Auch in unser'n heut'gen Tagen
seh' ich schwere Zeiten nah'n,
denn es häufen sich die Klagen

unaufhörlich weiter an.
Braunkehlchen und Wiesenweihe,
Eichhörnchen und Auerhuhn
Und noch eine ganze Reihe
weit'rer Erdbewohner tun,
wie wenn ihre Zeit zu Ende,
jede Müh' vergebens wär',
darum müsste eine Wende
unverzüglich für sie her.

Wie würden's wohl manche finden,
wenn die Schwalben, wohl bekannt,
irgendwann einfach verschwinden,
hingerafft von Menschenhand?
Königstigerpräparate
wären ein Museumsstück
Und so mancher Großprimate
Käme niemals mehr zurück.
Kinder würden wissen wollen,
was denn dieser Igel war
und die Bienen mit den Pollen
wären ihnen sonderbar.

Doch es scheint, als sei das denen,
die die Welt regier'n, egal,
denn den Schmierern und Mäzenen
geht es nur ums Kapital,
das man durch geschicktes Täuschen
stets noch zu vermehren sucht
und mit lauten Rülpsgeräuschen
in den eig'nen Rachen bucht,

gleich, ob unsagbarer Schaden
in der Welt entsteht, wie meist,
und so mancher Lebensfaden
in dem Durcheinander reißt.

Doch da muss es Menschen geben,
die aus anderm Holze sind,
denen liegt an fremdem Leben,
die nicht rauben, taub und blind,
die sich nicht damit begnügen,
voller Gleichmut zuzuseh'n,
wie wir unser'n letzten Zügen
auf der Welt entgegen geh'n.
Diese Menschen müssten reden,
über Grenzen einig sein
und begraben alte Fehden,
und die Welt geeint befrei'n!

Wie die Glieder einer Kette

Bin Dissident und Renegat,
der sich erwischen lassen hat,
ein Dorn im Aug‘ der Obrigkeit,
weshalb sie mich in ihrer Gnad
nun richten woll’n an Gottes statt,
hab‘ nur noch ein’ge Tage Zeit.
Ich weiß es noch, wie man mich stieß
in dieses steinerne Verließ,
aus Ziegeln notdürftig gefügt.
Zweimal am Tage geben sie
in dieser freundlichen Logis
Mir grad so viel, dass es genügt.

Dann steh’n sie vor mir und vermeiden
fast peinlich jeden Blick zu mir,
sind faktisch nicht zu unterscheiden,
ein jeder ganz ein Rudeltier.
Sie stehen da wie Marionetten,
nebeneinander, dicht an dicht,
so wie die Glieder meiner Ketten.
Sie führen aus – sie denken nicht.

Einmal am Tag geht’s zum Verhör,
wo ich dann auf die Bibel schwör
dieses und das und außerdem
und sind auch Lügen mal dabei,
Meineide sind gebührenfrei,
selbst für die Kirche kein Problem.
Eh sie die Tür erneut versperr’n,

treten und schlagen sie noch gern,
die Bosse schau'n sich's schweigend an.
Während die Wunden ich empfang,
nicken sie, fast wie unter Zwang,
einander zu, mal dann und wann.

Dann steh'n sie vor mir und vermeiden
Fast peinlich jeden Blick zu mir,
sind faktisch nicht zu unterscheiden,
ein jeder ganz ein Rudeltier.
Sie stehen da wie Marionetten,
nebeneinander, dicht an dicht,
so wie die Glieder meiner Ketten.
Sie führen aus – sie denken nicht.

Dann ist er da, der große Tag,
weil keiner länger warten mag,
dass meine Seele endlich brennt.
Folgsam lass ich zum Block mich führ'n,
lass mich von gar nichts mehr berühr'n,
bin nicht verzagt, nicht renitent.
Mit meinem allerletzten Blick
kann ich die Bosse, alt und dick,
mit den Mätressen vor mir seh'n.
Ich schau sie an, so bleich und feist,
mit Ketten, eng um jeden Geist.
Nun fällt's mir leichter, abzugeh'n.

Noch einmal steh'n sie und vermeiden
Fast peinlich jeden Blick zu mir,
sind faktisch nicht zu unterscheiden,
ein jeder ganz ein Rudeltier,
nicht anders als 'ne Marionette,
nebeneinander, dicht an dicht,
so wie die Glieder einer Kette.
Sie führen aus – sie denken nicht

Das Lied von der Zunge

Neulich dacht‘ ich bei mir: Junge,
eigentlich ist uns’re Zunge
ein verkanntes Instrument,
das man selten anerkennt.
Drum will ich mich nun beschwingen
und probier’n, sie zu besingen.
ohne Scheu oder Trara
sprech ich von der Lingua,
denn sie hat es nicht verdient,
dass man sie derart vermint!

Bei so manch pompösen Speisen
lässt sie uns geschmacklich Reisen
in so manches ferne Land,
von Angers bis Samarqand,
kann ein Eis am Stiel genießen
und mit Beef-Steak Freundschaft schließen.
Ist’s Château oder Likör,
schmeckt der gute Importeur
mit träumerischer Sicherheit
in einer minimalen Zeit.

Manche Zung‘ kann ausgesprochen
köstlich nach sich selber kochen,
ja, entwirft ganze Buffets;
sowas können nur Gourmets.
Stunden steh’n, flambier’n und Salzen,
leise mit der seinen schnalzen,
dass dem wahren Zungenkind

Wasser auf dieselbe rinnt
und es bei dem Hochgenuss
sich doch arg beherrschen muss.

Wenn wir über Zungen sprechen,
sei gesagt, dass viele brechen
bei Tücken wie dem Schleißenscheit,
den Meister Schleiß aus Meißen leiht.
Ich kann noch lange rumprobieren
und werde doch nie akzeptieren,
dass Brautkleid eben Brautkleid bleibt,
welch groben Unfug man auch treibt
und jeder turnende Tourist
nur isst, wenn er auf Touren ist.

Auf fast allen großen Bühnen,
ob in Graz oder in Lünen
steht ein Zungenakrobat,
der perfekt studieret hat,
sich der Hydra Wort zu stellen,
zwischen großen Wörterwellen
immer oben auf zu sein,
todesmutig, ganz allein,
wie Herakles gerungen hat
in seiner zweiten Heldentat.

Manche Zunge kann auch ätzen,
manchen Staatsmann schwer entsetzen,
ist ihm eine wahre Qual,
schneidet ihn bei jeder Wahl.
Sie kann lästig und satirisch,

schmutzig, dreist und doch empirisch
feststell'n, dass ein and're Hut
uns'rem Lande besser tut.
Dabei, schonungslos und scharf,
fragt sie nie, ob sie das darf.

Manche Zung', ich kann euch sagen,
taugt zu allen Lebenslagen.
Wenn sie ihre Leistung krönt,
manch geheimen Ort verwöhnt,
zählt sie zu der Meisterklasse.
Wenn sie manches heiße, nasse,
wunderbare Ding entdeckt,
es betastet, streichelt, leckt,
dann gehört sie, ohne Neid,
zur bezungten Obrigkeit.

Neulich dacht' ich bei mir: Junge,
eigentlich ist uns're Zunge
ein verkanntes Instrument,
das man selten anerkennt.
Darum musst' es einfach klappen,
dass ich diesen Schleimhautlappen
ganz ausführlich mal begaff'
und ihm dann ein Denkmal schaff'.
Drum, wenn mal die Zunge bricht,
denkt an mich und dies' Gedicht.

Furcht

Furcht, auf den leeren Bildschirm zu starren,
Furcht, ohne gute Ideen zu verharren,
Furcht, der erdrückenden Stille zu lauschen,
Furcht, Utopien gegen Wissen zu tauschen,
Furcht, unter Feinden den Mund aufzumachen,
Furcht, an den falschen Stellen zu lachen,
Furcht, etwas unfassbar Dummes zu sagen,
Furcht, das verfluchte Geständnis zu wagen,
Furcht, den Elfmeter komplett zu verhauen,
Furcht, den Betrügern und Schurken zu trauen,
Furcht, über'n eigenen Schatten zu springen,
Furcht, dieser Sprung könne niemals gelingen,
Furcht, vor Erregung die Zeit zu vergessen,
Furcht, zu viel schlechte Gedanken zu fressen,
Furcht, nicht die richtigen Worte zu finden,
Furcht, deine Kräfte vergeblich zu binden,
Furcht, mit den Ängsten der Menschen zu spielen,
Furcht, auf die innersten Wunden zu zielen,
Furcht, auch in dir diese Wunden zu spüren,
Furcht, dich aus Furcht selbst auf's Glatteis zu führen,
Furcht, von den ander'n gestempelt zu werden,
Furcht, dich als anders als sie zu gebärden,
Furcht, ohne rechte Gefühle zu lieben,
Furcht, zu versinken in niederen Trieben,
Furcht, ein verletzendes Urteil zu treffen,
Furcht, mit verrufenen Hunden zu kläffen,
Furcht, was du liebst, einfach so zu verlieren,
Furcht, zu verzweifeln und zu resignieren,
Furcht, eine eigene Meinung zu haben,

Furcht, dich am giftigen Brunnen zu laben,
Furcht, dich beschimpfen und gängeln zu lassen,
Furcht, dich und and‘re dafür zu hassen,
Furcht, die dich schüttelt und peinigt und schlägt,
der werf‘ den Stein, der die nicht in sich trägt!

Leonardo

Ich denke voller Bitterkeit
in dieser technisierten Zeit
an ihn, der mit der linken Hand
manch nützliches Gerät erfand,
doch leider nicht mehr mitbekam,
wie man sich seinem Werk annahm
und in modernem Schaffenswahn
manch tödliche Gefahr ersann,
die man dann in so mancher Schlacht
mit viel Erfolg zum Einsatz bracht‘.

Er würd‘ erblassen, wüsste er,
dass heute in fast jedem Heer
ein Fahrzeug in Benutzung ist,
das ganze Länder blutig schießt
und das man heute Panzer nennt
und aus den alten Skizzen kennt,
doch hat er’s wohl nicht so gemeint
und würde heute, wie mir scheint,
so manche Sache anders seh’n
und nicht mehr in die Forschung geh’n.

Am Himmel sieht es finster aus,
denn lang schon macht der Mensch daraus
sein ganz privates Séparée;
der Traum vom Fliegen ist passee
und an des Traumes Stelle tritt
mit unerbittlich scharfem Schritt
der Mensch als Luftraumpionier,

der in gewohnter Herr'nmanier
der Erde nicht den kleinsten Rest
von Charme oder Geheimnis lässt.

Nun, Leonardo, glaube mir,
dass ich nicht böse bin und dir
nicht einen kleinen Vorwurf mach'
und trage dir kein Bisschen nach,
weil niemand eben wissen kann,
was Menschenhirne dann und wann
für schiefe Instrumente sind,
die alles, was ein Mensch ersinnt
für sich allein behalten woll'n,
dafür ihr eig'nes Hirn verzoll'n.

Doch scheint es dir auch einerlei,
wünsch' ich, dass nicht vergessen sei,
dass da auch mancher Querkopf ist,
der in dem Chaos nicht vergisst,
sich selbst gedanklich umzutun
und sich nicht feige auszuruh'n
auf alten Werten, altem Hass,
drum sage ich dir noch etwas,
mein hochverehrter Ingeniör:
die Erde ist uns nicht zu schwör!

Wer’s wagt

Ich wünschte mir so sehr ein Lied,
das hinter die Fassade sieht
und, während es uns ganz entblößt,
auch all uns’re Probleme löst.
Macht, Terror, Hunger, Kriege, Mord,
dies alles läg‘ in einem Wort,
das wandert, leis von Ohr zu Ohr,
und zaubert Frieden sanft hervor.

Ich will ein Lied, das Antwort gibt
und keine hohlen Phrasen schiebt,
die Missstände, die jeder kennt,
zur Lösung bringt, nicht nur benennt.
Wälder roden, Tiere quälen,
Schwulen spotten, Nazis wählen,
Hetzen, über Frauen lachen
soll dies‘ Lied zum Unding machen.

Ein Lied, das mahnt, die Menschen eint,
das wirklich ausspricht, was es meint,
das ärgert, stichelt, nervt und beißt,
Scheinheiligkeit die Türe weist,
das meckert, stänkert, mault und motzt,
den Immer-Schön-Schönfärbern trotzt,
das sagt: „Ihr geht mir auf den Sack!“,
das wär‘ gerade mein Geschmack!

Doch wer, der dieses Schätzchen schreibt
und doch nicht auf der Strecke bleibt,

gebrochen, demoralisiert,
besiegt und desillusioniert?
Doch gleich, wer sich daran versucht,
muss wissen, keine Meeresbucht
taucht auf, um sich dort auszuruh'n,
wer's wagt, muss es vollkommen tun!

Krähenjunges

Krähenjunges in dem Neste,
bringe dir das Allerbeste!
War auf einem Schlachtfeld heut‘
und ich bring dir fette Beut‘!

Krähenjunges, hier zuerst
Blut, das du so heiß begehrst,
dann ein Stückchen Muskelfleisch,
dass du einhältst dein Gekreisch!

Krähenjunges, Kindlein mein,
hier ein Stück vom Schienenbein,
weich gekaut und fein püriert,
dass es dir nicht schaden wird.

Krähenjunges, hier hab ich
frische Zungen noch für dich,
Augenäpfel, weich wie Flaum,
ist das nicht ein wahrer Traum?

Krähenjunges, hier zum Glück
hab ich noch das beste Stück:
Leber von der besten Art,
kräftig, bissfest und doch zart!

Krähenjunges, gib nun Ruh,
mache deine Augen zu.
Es wird still, der Tag ist aus,
wie auch unser Festtagsschmaus.

Krähenjunges, sei nicht bang,
uns wird diese Zeit nicht lang,
dieweil die Sonne leis‘ verglimmt,
der nächste Krieg, er kommt bestimmt!

Suche

Es gibt so viele junge Leute,
die verbiegen sich schier heute
für die eine Möglichkeit,
für die sie lächeln, lernen, lügen
andr'e und sich selbst betrügen –
man hat ja heut' wenig Zeit,
um sich auf Erden umzusehen,
sich im Winde leicht zu drehen,
ohne Kompass und Sextant,
oh nein, ein Wüten und ein Fluchen
ist ihr Leben, statt zu suchen
mit naiv geführter Hand.

Dir wird erzählt vom sich'ren Leben
Dass das unverdross'ne Streben
Ganz und gar in Ordnung sei,
was dafür zählte, sei die Arbeit,
jeder Traum von Spaß und Freiheit
sei nur dumme Spinnerei.
Nur der Gewinn könnt' glücklich machen,
Schluss mit Gespenstern, Elfen, Drachen,
die zu kindisch sind für dich.
Greif nach dem größten Stück vom Kuchen,
hör auf, lang herum zu suchen
und sei brav und einsichtig.

Ich seh' nach Jahren die Gesichter
Und ich seh, es liegt ein dichter
Schleier auf den Augen schwer,

welche doch einst so taghell strahlten,
herrlich schöne Bilder malten –
heut‘ gibt’s nur noch ‘s Zahlen mehr.
Sie machten sich ‘nen Haufen Kinder,
der jetzt auch bereits ein blinder
und verdummter Klüngel ist,
welchem’s Spaß macht, wild zu buchen,
statt zu fragen und zu suchen
und der alle Freude frisst.

Nein, ich will es ganz anders halten,
will die Sorgen und die Falten
nicht noch einladen zu mir,
will stets verspielt nach Dingen fahnden,
ob in unerforschten Landen
oder auch vor meiner Tür.
Doch forsche ich auch untergründig,
werde ich doch niemals fündig,
muss stets in mir gerüstet sein.
Dass Langeweile sich nicht breitet,
bin ich es, der weiter reitet,
leb‘ mich niemals wirklich ein.
Und sterb‘ ich einst auf meine Weise
auf der Straße, still und leise
oder laut und gut betucht,
dann kann ich hoffentlich noch sagen,
ohne lange mich zu plagen:
„Hiernach habe ich gesucht!“

Dieselbe Welt

Ich sitze im Garten und recke den Hals
Nach den Mönchsgrasmücken. Die flöten zur Balz
ihr Lied in die Welt. Und dort tollt die Holde,
die Bachstelze in dem sonnigen Golde.
Doch da klingt von Ferne das Martinshorn schrill,
dringt ohne Erbarmen ins Gartenidyll
und reißt mich zurück in die Welt der Gewalt,
wo Vogelgesang an den Herzen abprallt.
Es ist kaum zu glauben, so denke ich mir,
dass diese zwei Welten, dort drüben und hier,
auch, wenn es manche fast nicht glauben wollen,
in Wahrheit doch ein und dieselbe sein sollen.

Das erste Mal lieben, so innig, so rein,
zum ersten Mal wirklich und gerne hier sein,
so gern auf der Welt. Der Weg ist erleuchtet,
als ob ihr zum Glück nichts weiter mehr bräuchtet.
Doch dann dieser Streit, der bohrende Schmerz,
so rasch schon verloren das andere Herz.
Nun darf es innig ein anderer halten.
In dir wird es still, beginnt zu erkalten
Und du fragst dich und zweifelst doch sehr daran,
ob dies noch die trauliche Erde sein kann.

Auf Partys begibt man sich ohne ein Ziel
und völlig und ganz in ein kindliches Spiel
und feiert die Welt. Man ist ohne Sorgen
Und fühlt sich daheim und gänzlich geborgen.
Doch da auf der Straße ein Mädchen, das friert

und Angst haben muss, dass es alles verliert,
was ihm noch gehört und dann einsam und krank
und hoffnungslos sterben muss auf einer Bank.
Und weil mich der Zweifel nun fiebernd befällt,
muss ich mich selbst fragen: Ist das dieselbe Welt?

Die glücklichen Eltern, im Arme ihr Kind,
wie sehr hier zuhause, wie glücklich sie sind,
so eins mit der Welt. Da hört man ein Lachen,
ganz leise und zart, ein erstes Erwachen.
Doch hier diese Mutter, tief drinnen erstickt,
ihres einzigen Kindes Lebensuhr tickt
ohn‘ Erbarmen dem Ende, dem Hinscheiden zu.
Du siehst die zwei Welten und wieder fragst du,
wer uns wohl mit Glück oder Trauer versieht
und ob beides auf derselben Welt geschieht.

Ich sehe die Kriege und kann doch nichts tun,
so gut ich auch sein will, bin doch opportun –
so schlecht ist die Welt! Verstümmelte Frauen,
der Würde beraubt zum Leben im Grauen.
Doch dann bist du da, stellst das Radio aus
Und führst mich aus dieser Verwirrung heraus.
Die Welt ist, ich weiß es, ein Ort voller Schatten,
doch auch voller Farben, grellbunten und matten,
und jetzt bin ich froh, dass es so bestellt ist
und du hier bei mir auf derselben Welt bist!

Vom Prozess des Schreibens

Wenn mich die Erkenntnis trägt,
ihre Worte in mich prägt,
schreib‘ ich ohne Unterlass
über Krieg und sonst noch was,
über Liebe, Diktatoren
oder über Eselsohren.

Such nach immer neuen Themen
Denke mir die tollsten Schemen,
Wörter, Bilder, Formen aus,
gehe jedoch stets daraus
als zweiter Sieger nur hervor,
bleib‘ doch immer bloß ein Tor.

Immer bleibt es bloß ein Staksen
auf des Dichters groben Haxen
Durch die Welt des Anapäst,
die nur die Erkenntnis lässt:
Schreibst du schlicht oder verfänglich,
bleibst doch immer unzulänglich.

Doch ich lasse mich nicht lähmen,
werde mich deshalb nicht grämen,
schreib‘ so gut, wie ich's vermag,
ohne List und Überschlag,
ohn‘ vollkommen mich zu wandeln
und mit Lügen anzubandeln.

Gleichwohl gibt es Stolpersteine
auf dem Weg, und nicht mal kleine.
Manchmal ist kein Reim zu holen,
wird er vorher nicht gestohlen
und trotz Runzeln, Knurren, Starren
ist's vergebliches Beharren.

Spielt der Teufel auf mir mal,
wird das Schreiben mir zur Qual,
muss ich fluchend, heulend, spuckend,
mich am Wörterdung verschluckend,
haschen nach den Wörterfetzen,
um sie in ein Bild zu setzen.

Doch wenn Bilder fertig sind,
bin ich glücklich wie ein Kind.
Mit dem Stolz des Potentaten
seh ich: Es ist mir geraten,
was so viel Probleme machte,
mich um meine Ruhe brachte!

Leg die Feder aus der Hand,
die so viele Kräfte band.
Schluss für heut' mit der Geschichte
über's Werden der Gedichte,
des Vergrabens, Keimens, Treibens
und von dem Prozess des Schreibens.

Kleine Revolutionen

So vieles ist auf dieser Welt,
das klugen Menschen nicht gefällt,
Ungleichbehandlung, Hass und blinde Gier.
Man stopft sich Geld ins eig'ne Herz
Und achtet nicht des ander'n Schmerz,
kräht wie ein Gockel in seinem Revier.
Doch stimmt das so, so frag' ich mich,
und ist es unabänderlich
oder vielmehr ein reichlich böses Ding?
Wo war er denn, der Edelmann,
als Adam grub und Eva spann
und Gott im Garten Eden sich erging?

Schon viele vor mir trieb es um,
das ewige Mysterium,
wie man die Welt verbessert und erreicht,
dass Ungerechtigkeit und Hass
uns nicht mehr peinigen und dass
die Lust auf's Geld der Lust auf's Teilen weicht.
Doch oben sah man lange weg
von diesem hässlich-roten Fleck
In einer Welt, die so schön einfach war,
der Welt des Dünkels und des Schmier'ns,
des Kontos und des Intrigier'ns,
der gut betuchten und dem Formular.

So mancher wurd‘ dann radikal
in seinem Zorn auf’s Kapital
Und all die kleinen Rädchen im System,
die für es wirkten, dumpf, passiv,
damit es immer schneller lief,
doch nutzte es dabei noch irgendwem?
Wie könnte man, so fragten sie,
der viel gehassten Bourgeoisie
ein ebensolcher Dorn im Auge sein,
ihr schaden, auf die Nerven geh’n
und nicht nur hinter’m Tresen steh’n
und aus den alten Zwängen sich befrei’n?

Ich leugne nicht, dass es geschah,
dass manches Gute hie und da
aus selbigen Bestrebungen entstand
und manche Frage dieser Welt
wurde durch sie auch neu gestellt,
auf die man eine neue Antwort fand,
doch schlussendlich war’n viele bald
schon selber müde und zu alt,
um sich dann noch verantwortlich zu fühl’n,
und mancher wurde Terrorist,
um dann ob all dem ganzen Mist
in seinem Kopf sein Mütchen abzukühl’n.

Muss es denn wirklich immer laut
zur Sache gehen und verbaut
man sich dadurch nicht manche Möglichkeit?
Sind Rebellionen immer groß,
oder ist’s manchmal auch nur bloß

ein Wort des Friedens und der Einigkeit?
Warum wird Kämpfen ohne Krieg,
ohne Gedanken an den Sieg,
von vielen immer noch so sehr verhöhnt?
Wollten denn die Rebellen nicht,
dass jede Mauer einst zerbricht
und man sich endlich auf der Welt versöhnt?

Ich bin wohl Träumer, Utopist,
der hoffnungslos veraltet ist,
doch, eh‘ man mit der Nase mich drauf stößt:
Ich weiß, dass all der Schrecken bleibt,
ihn meine Einsicht nicht vertreibt
und keines unserer Probleme löst,
doch sind ein gern gelieh'nes Ohr
und auch Verständnis und Humor
und wahr empfund'ne Herzensgüte schon,
obgleich sie leicht und flüchtig sind
und schnell verwehen wie der Wind,
für mich so gut schon wie Revolution!

Auch ein Vogel, sozusagen

Ich verspeiste grade inniglich
süße, rote Trauben, welche ich
ganz im Gegensatz zum Fuchs ja leicht erreiche.
Plötzlich knackte es in einem fort,
ich flog auf und sah zwei Menschen dort,
fest umschlungen sitzend an dem kleinen Teiche.
Beide sahen plötzlich hoch zu mir,
seufzten, wie es wohl erst würde hier,
wenn der Winter käme und die Vögel zögen,
ach wie traurig und wie einerlei
und wie schrecklich so ein Winter sei
und wie schön es wär', wenn sie niemals entflögen.

Nun, zu diesem Thema hätt' ich auch
was zu sagen, denn, beim Holderstrauch,
ich bin schließlich auch ein Vogel, sozusagen.
Ihr seid uns, will sagen, ganz egal.
Wie die Regeln sind, sind sie nun mal.
Und euch helfen keine Seufzer, keine Klagen.
Glaubt ihr denn, wir singen nur, damit
ihr zufrieden seid, den neu'sten Hit,
nur für euer ganz persönliches Vergnügen?
Wie ihr uns're Lieder stumm genießt,
Manche Träne sogar drum vergießt,
sollt ihr euch doch nicht um unser'twill'n belügen.

Wir woll'n „vögeln", wie ihr's treffend nennt,
und beweist, dass ihr uns besser kennt
und uns ähnlicher seid, als ihr selbst es wisset.
Von Romantik sind wir gänzlich frei,
Glück und Liebe sind uns einerlei,
die ihr scheinbar bei euch selber so vermisset.
Darum lauscht ihr uns wahrscheinlich oft,
weil ihr bei uns Trost zu finden hofft –
meinetwegen, doch versucht nicht zu vergessen,
dass die Erde uns're Mutter ist,
und im Sterben liegt, wie ihr längst wisst,
darum haben wir gemeinsame Int'ressen.

Wollt ihr weiter uns're Lieder hör'n,
hört auf, alles um euch zu zerstör'n,
lasst die Erde einmal wieder Atem schöpfen,
dass sie uns alle beschenken kann,
gebt ihr diese Macht zurück und dann
werden Glückspilze aus all den Sauertöpfen,
die jetzt murren, weil der Winter naht.
Denen geb' ich noch den guten Rat:
Nicht an uns liegt es, euch Fröhlichkeit zu geben.
Wenn im Winter alles trostlos scheint,
helft euch, indem ihr nicht länger greint,
und entfacht in euch die Glut zu neuem Leben.

So, das war's, ich mach' den Schnabel zu,
lass' euch mit dem Denkanstoß in Ruh'
und begeb' mich auf die immergleiche Reise,
die mich in den warmen Süden führt,
wie es meiner Art nun mal gebührt,
seit Millionen Jahren auf dieselbe Weise.
Möglich, dass im nächsten Frühling schon
Mancher von euch wohl auf der Mission,
die uns alle angeht, für das Leben handelt
und dass trotz so mancher Schwierigkeit
und trotz all der schon vertanen Zeit
diese Welt sich schlussendlich zum Guten wandelt!

Was ist Frieden?

Gedeckte Tische, junge Diplomaten,
die unverzagt im Namen ihrer Staaten
Intrigen spinnen und vertraulich tun,
daneben Dokumente und Verträge,
zur Unterschrift bereit, gleichsam als läge
hier die Garantie, dass die Waffen ruh'n.
Doch niemand lässt die Hand je vom Gewehre,
Und wenn es nur im Geiste sei. Es wäre
ja auch zu schön, um wirklich wahr zu sein,
dass Menschen Menschen ihr Vertrauen schenken,
vom ander'n nicht nur bloß das Ärgste denken.
Heißt wohl so ein Zustand Frieden? Nein.

Als Bürger in der heil'gen Blase leben,
zu nichts als auf die Wurst den Senf zu geben,
als sei es eine Selbstverständlichkeit,
dass wir hier aufgeklärt und demokratisch
uns aalen können, eitel und apathisch,
in Desint'resse und Verlogenheit,
das kann, denk ich, doch gleichfalls nicht bedeuten,
nur weil wir hier in einer unbedreuten
Nation in diese Welt geboren sind,
dass all die überdeckten Aggressionen
erschöpft sind schon in Hassdemonstrationen
und dass daraus kein neuer Krieg beginnt.

Selbst wenn ich hier das Kriegsproblem beschreibe
Und Werbung für den Frieden hier betreibe,
so ist es doch damit noch nicht getan.

Ich mein‘ es noch nicht ernst, wenn ich’s nicht wage
Und mich in aller Deutlichkeit nicht frage:
Wann fängt der wahre Friedenszustand an?
Es reicht nicht, das Bewusstsein nur zu schärfen,
ja nicht mal, alle Waffen fortzuwerfen,
weil so der Mensch an sich nicht besser wird.
Erst muss er selber einen Anfang machen
und aus sich selbst den Friedenswunsch entfachen,
nur dann brennt jener selbst und unbeirrt.

Doch kann der Mensch sein Inneres verändern
und über allen Grenzen, allen Ländern
das Gleiche, das Verbindende, erspäh’n?
Kann er die Vorurteile und das Hassen
Des Andersseins wohl einmal fahren lassen
Inmitten von Gewalt den Frieden säh’n?
Denn nur so, glaub ich, wird er überdauern,
wenn das einander mustern und belauern
sich endlich nicht mehr lohnt und überlebt,
denn Frieden kann man nicht von außen schaffen,
durch Fortwerfen und Einstampfen der Waffen,
wenn der Mensch nicht selber danach strebt.

Nachwort – Meine Farm der Tiere

Um das Jahr 2007 herum, etwa zu meinem zwölften Lebensjahr, lasen wir in der Schule George Orwells Buch „Farm der Tiere“. Generell wurde an unserer Schule viel gelesen, doch dieses Werk beeindruckte mich von Beginn an auf nachhaltigste Weise. Seine sprachlichen Bilder und zahlreichen detaillierten Beschreibungen waren neue und entzückende Stilmittel für mich, der ich schon immer ein großes Interesse für Form und Ausdruck mein Eigen genannt habe. Auf einer Farm im England des viktorianischen Zeitalters erzählt der alte Prachteber Old Major allen Tieren der Farm von einem Traum aus der Nacht zuvor, wonach alle Tiere in Zukunft frei und unversklavt sein könnten, wenn sie nur erst das Joch der Knechtschaft unter dem Menschen abgeschüttelt hätten. Er schwört alle Tiere der Farm auf eine Rebellion gegen den Menschen ein, die irgendwann kommen und sie alle zu freien und selbstbestimmten Wesen machen werde. Die Tiere sind von seinen Worten und dem Lied „Tiere Englands“, welches er ihnen anschließend beibringt und das zur Hymne jener Rebellion werden wird, derart berührt, dass der Gedanke fortan in ihnen fortlebt und nach Majors Tod weiter verfeinert und konkretisiert wird. Mehr oder weniger zufällig gelingt nur wenige Wochen später tatsächlich die so heiß ersehnte Rebellion und die Menschen der Farm werden von derselben vertrieben. Nun kehrt für eine Zeit ein großer Wohlstand ein, alle haben genügend zu essen und die anfälligen Arbeiten werden glücklich ausgeführt in dem Gedanken, dass man ja nun für das eigene Wohlergehen arbeite und nicht länger für selbstsüchtige Menschen. Sogar ein Versuch der Menschen, die Farm zurückzuerlangen, schlägt fehl, und die Tiere machen zum ersten Mal die Erfahrung eines glorreichen Sieges über ihre Feinde. Mehr und mehr übernehmen jedoch die Schweine, die als die klügsten Tiere der Farm angesehen werden, die Kontrolle auf der Farm und schaffen sich zunehmend Privilegien, die Old Major in seiner Rede, die den Stein ursprünglich ins Rollen gebracht hatte, noch kategorisch ausschloss. Zunehmend haben sie allein ein Recht auf die Milch der Kühe und die besten Stücke vom Futter, da man ja von den klügsten Tieren nicht verlangen könne, dasselbe zu sich zu nehmen wie der Rest der Gemeinschaft. Namentlich tun sich hier die Eber Schneeball und Napoleon hervor und der Konflikt eskaliert schließlich dermaßen, dass Schneeball vor versammelter Menge davongejagt wird. Fortan werden die Gebote, die den Tieren ursprünglich eine Richtschnur ihres Handelns waren, Stück für Stück so aufgeweicht, dass den Schweinen noch mehr Vorrechte zu Teil werden. Aus „Kein Tier darf Alkohol trinken“ wird „Kein Tier darf Alkohol trinken im Übermaß“, aus „Kein Tier darf in einem Bett schlafen“ wird „Kein Tier darf in einem Bett schlafen mit Leintüchern“ und, besonders einschneidend, aus „Kein Tier darf ein anderes Tier töten“ „Kein Tier darf ein anderes Tier töten ohne Grund“. Schon bald werden regelmäßig von durch Napoleon abgerichteten Hunden vermeintliche Unruhestifter blutig hingerichtet und die Tiere wagen dagegen keinen Widerspruch. „Tiere Englands“, das zuvor als Sinnbild der Rebellion gesungen worden war, wird verboten, da die Rebellion ja nun erfolgt sei und es daher keinen Anlass mehr zum Absingen gäbe. Schließlich geht man sogar ganz offen Geschäfte mit Menschen ein, vorgeblich damit die Farm wirtschaftlich auf stabileren Füßen stehen könne. Jegliche Stimmen, die meinen, ursprünglich hätten die Gebote und Weisungen anders gelautet, werden stets mit der Begründung abgeschmettert, man habe es sich nur eingebildet und das Missverständnis beruhe auf Lügen Schneeballs, der nun zu einer Art Staatsfeind gemacht wird. Zunehmend werden die Tiere lethargisch, begreifen die Rebellion nur noch als ferne Erinnerung und gehen stumpfsinnig ihrer Arbeit nach, Sklaven der herrschenden Schweine, wie früher der Menschen. Schlussendlich gehen die Schweine sogar ganz offen auf zwei Beinen und die sieben Gebote, die die Scheunenwand geziert hatten und Stück für Stück angepasst worden waren, sind durch einen einzigen Satz ersetzt worden: Aus „Alle Tiere sind gleich", dem letzten Gebot, wurde „Alle Tiere sind gleich, aber einige sind gleicher". Der Roman endet mit einem gemeinsamen Kartenspiel von Menschen und Schweinen und der Beobachtung der Tiere, dass man kaum noch unterscheiden kann, wer Schwein und wer Mensch ist.

Ich wurde emotional durch dieses Buch derart gepackt, dass ich sogar in meiner Freizeit an seinen weiteren Verlauf dachte und die nächste Schulstunde kaum erwarten konnte. Dies allein war nicht ungewöhnlich bei mir, doch nicht nur die Handlung hatte mich ergriffen, sondern auch Old Majors Vision einer besseren Welt. Zunehmend begann ich, die totalitäreren Methoden der Schweine meinen Klassenkammeraden gegenüber zu verteidigen, die früher als ich erkannt hatten, wohin dieses System unterwegs war. Ich konnte und wollte nicht akzeptieren, dass ein System, das mit dem Glauben an Freiheit und gleiche Rechte für alle begonnen hatte, sich zu einer Diktatur entwickeln könne. In teils heftigen Auseinandersetzungen verteidigte ich vor meinen Mitschülern und meinem Lehrer Napoleons Tun und ließ keine Zweifel daran in mir selbst zu. Erst in dem Moment, als die Schweine die sieben Gebote getilgt und sich damit offen zu erkennen gegeben hatten, stürzte mein Elfenbeinturm donnernd in sich zusammen. Ich weiß heute noch, dass ich damals wie gelähmt auf meinem Stuhl saß und nicht begreifen konnte, was gerade passiert war. „Farm der Tiere" ließ und lässt mich bis heute über Sinn und Unsinn politischer Ideologien nachdenken und erkennen, dass nicht automatisch gut ist und bleibt, was gut sein wollte. Viele Köche, sagt man, verderben den Brei, und in einer Gesellschaft, gleich in welcher, sind unendlich viele Köche am Werk und daher ist, wie ich glaube, kein politisches System perfekt. Ich treffe heute immer noch Menschen, die den Stalinismus, den die Farm der Tiere ja zum Thema hatte, verteidigen und in ihm eine Zukunft sehen, doch ich glaube, dass einem Großteil der Menschen das Aha-Erlebnis fehlt, das die Farm der Tiere für mich war. Obgleich das Buch ein antikommunistisches Werk ist – und das von einem Ex-Stalinisten wie Orwell –, las ich es lange Zeit auch als antinationalsozialistisches Werk, was mir auch keinerlei Schwierigkeiten bereitete, da ja auch hier die reißenden Wölfe sich in Schafsfellen anschlichen und erst im Schutze ihrer gewonnenen Macht mit aller Härte zuschlugen. Dies hat mich gelehrt, dass der Kommunismus in seiner stringenten Form mehr mit dem Nationalsozialismus gemein hat, als er selbst wahr haben möchte, oder, etwas allgemeiner ausgedrückt, dass man nie aufhören darf, das eigene politische System kritisch zu hinterfragen und Verbesserungen herbeiführen zu wollen. Die Demokratie ist ja

nicht, wie ein zunehmend größerer Teil der Menschen zu glauben scheint, vom Himmel gefallen, sondern musste sich in teils jahrhundertelangem Kampf gegen totalitäre Systeme langsam behaupten und konnte das nur, weil es immer wieder Menschen gab, die die bestehenden Verhältnisse hinterfragten. Besonders illustriert das für mich Henry David Thoreaus Essay „Über die Pflicht zum Ungehorsam gegen den Staat", der ja in einer Zeit entstand, wo der Sklavenhandel in den USA noch florierte. Heute werden Menschen, die sich fundamentalistisch der politischen Verhältnisse annehmen, verlacht, aber diese konnten überhaupt nur zu den heutigen Verhältnissen werden, weil Menschen wie Thoreau sich Gedanken über den Sinn bestimmter Institutionen machten und davon ausgehend die Welt veränderten. Daraus ziehe auch ich die Lehre, gleich wie viel politisches Unverständnis und Trägheit mir noch entgegenschlagen mögen, diese Welt als die meinige zu betrachten und nichts, was ich für verachtenswert halte, gleichgültig so hinzunehmen. In der Hoffnung, einige dieser Gedanken an die/den geneigten Leser*in weitergegeben zu haben, schließe ich dieses ausufernde Nachwort so, wie ich es auch mit dem Vorwort tat – mit einem Zitat:
Die Tiere kuschelten sich wortlos um Kleeblatt. Die Hügelkuppe, auf der sie lagen, gewährte ihnen einen weiten Ausblick über das Land. Der größte Teil der Farm der Tiere lag vor sie hingedeckt, die lange Weide, die sich bis zur Hauptstraße dehnte, die Wiese, das Gehölz, die Tränke, die gepflügten Felder, wo der lange Weizen dicht und grün stand, und die roten Dächer der Farmgebäude mit dem Rauch, der sich aus ihren Schornsteinen kräuselte. Es war ein klarer Frühlingsabend. Die waagerecht einfallenden Strahlen der Sonne vergoldeten das Gras und die

knospenden Hecken. Nie war den Tieren die Farm – und mit einiger Überraschung entsannen sie sich, dass es ihre eigene Farm, jeder Zoll davon ihr Eigentum war – so begehrenswert erschienen. Als Kleeblatt die Hügelflanke hinunterblickte, traten ihr Tränen in die Augen. Hätte sie ihre Gedanken aussprechen können, würde sie gesagt haben, dass es dies nicht war, was sie erstrebt hatten, als sie vor Jahren daran gegangen waren, den Sturz der menschlichen Rasse zu betreiben. Diese Gräuelszenen und dieses Gemetzel war es nicht, dem sie in jener Nacht freudig entgegengesehen hatten, als sie Old Major zum ersten Mal zur Rebellion aufstachelte. Wenn sie selbst je ein eigenes Bild von der Zukunft gehabt hatte, so war das einer von Hunger und Peitsche befreiten Gemeinschaft von Tieren gewesen, wo alle gleich waren, jeder nach seinem Vermögen arbeitete und wo der Starke den Schwachen beschützte, so wie sie in der Nacht von Majors Rede mit ihrem Vorderlauf die Brut Entlein geschützt hatte. Stattdessen, warum wusste sie nicht, hatten sie es zu einer Zeit gebracht, wo niemand es wagte, seine Meinung zu sagen, wo überall wilde, knurrende Hunde herumstöberten und wo man mit ansehen musste, wie die eigenen Genossen in Stücke gerissen wurden, nachdem sie empörende Verbrechen gebeichtet hatten.
George Orwell: Farm der Tiere, Kapitel 8

Christoph Cornehl, März